1 MONTH OF
FREE
READING

at

www.ForgottenBooks.com

By purchasing this book you are eligible for one month membership to ForgottenBooks.com, giving you unlimited access to our entire collection of over 700,000 titles via our web site and mobile apps.

To claim your free month visit:

www.forgottenbooks.com/free719138

ISBN 978-0-484-13962-5
PIBN 10719138

LES
DEUX TIMIDES

COMÉDIE-VAUDEVILLE EN UN ACTE

PAR

MM. MARC-MICHEL ET EUGÈNE LABICHE

présentée pour la première fois à Paris, sur le théâtre du Gymnase
le 16 mars, 1860

NOUVELLE ÉDITION

PARIS
MICHEL LÉVY FRÈRES, ÉDITEURS
RUE AUBER, 3, PLACE DE L'OPÉRA

LIBRAIRIE NOUVELLE
BOULEVARD DES ITALIENS, 15, AU COIN DE LA RUE DE GRAMMONT

—

1873

Lucile

PERSONNAGES

—

THIBAUDIER.......................... MM. LESUEUR.
JULES FRÉMISSIN. .... PRISTON.
ANATOLE GARADOUX .... LEMÉNIL.
CÉCILE, fille de Thibaudier............ Mlles ALBRECHT.
ANNETTE, femme de chambre........... GEORGINA.

———

La scène se passe à Chatou, chez Thibaudier.

S'adresser, pour la mise en scène exacte et détaillée, à M. HÉROLD, régisseur de la scène; et pour la musique, à M. Jubin, bibliothécaire-copiste, au Gymnase.

LES DEUX TIMIDES

Salon de campagne, ouvrant au fond sur un jardin par une grande porte. — Porte à gauche. — Portes dans les pans coupés. — Cheminée à droite. — Une pendule et vases sans fleurs sur la cheminée. — Une table avec encrier, papier et plumes, à gauche. — A droite, un guéridon. — Un petit buffet après la porte de gauche. — Chaises, fauteuil.s

———

SCÈNE PREMIÈRE

ANNETTE, puis CÉCILE.

ANNETTE, venant du fond une bouilloire à la main et entrant à gauche, pan coupé.

Monsieur c'est votre eau chaude... (Venant en scène.) Il est drôle le futur de mademoiselle, monsieur Anatole Garadoux... il passe tous les matins une heure et demie à sa toilette... ses ongles surtout lui prennent un temps! Il les brosse, il les ralisse, il a un tas de petits instruments... Il travaille ça comme de la bijouterie, c'est curieux à voir!

AIR : *Qu'il est flatteur d'épouser.*

En vérité, je me demande
Ce qu'espère ce prétendu ;
Des ongles taillés en amande
Ont-ils un mérite inconnu ?

LES DEUX TIMIDES

> A la sottise est-ce un remède?
> Pourtant il s'en faut, je le vois,
> Qu'avec ses beaux ongl's il possède
> De l'esprit jusqu'au bout des doigts.

Je ne sais pas si c'est par là qu'il a séduit monsieur Thibaudier, toujours est-il que le bonhomme s'est laissé prendre comme... Au fait comme il se laisse prendre par tout le monde. C'est incroyable, un homme de son âge... pas plus de défense qu'un enfant... une timidité... il n'ose jamais dire non... Ah! quelle différence avec sa fille! Voilà une petite tête qui, avec son petit air tout doux, ne fait que ce qui lui plait. (On entend chanter Cécile dans le jardin.) Ah! je l'entends. Elle revient de sa promenade du matin avec une botte de fleurs dans son panier et son petit volume à la main.

CÉCILE, venant du jardin.[*]

AIR de *la Clef des champs* (Deffès).

> Le bon La Fontaine
> Nous peint le tableau
> D'un robuste chêne,
> D'un frêle roseau.
> La force inutile
> De l'un n'est qu'un nom;
> Le roseau débile
> Résiste et tient bon.
>
> Par peur, par faiblesse,
> On voit des papas
> Qui tremblent sans cesse
> Au moindre embarras.
> Mais, dans les familles,
> L'on peut, en ce cas,
> Voir des jeunes filles
> Qui ne tremblent pas.
>
> Le bon La Fontaine, etc.

Annette! vite! les vases de la cheminée.

ANNETTE.

Voilà, mademoiselle. (Elles disposent ensemble les fleurs dans les vases qu'Annette pose sur le guéridon.) Dites donc, mademoiselle... il se lève... Je viens de lui porter son eau chaude.

[*] Cécile, Annette.

CÉCILE.

A qui?

ANNETTE.

A monsieur Garadoux...

CÉCILE

Eh bien! qu'est-ce que ça me fait?

ANNETTE.

Avez-vous remarqué ses ongles?

CÉCILE.

Non...

ANNETTE.

Comment, vous n'avez pas remarqué ses ongles?... ils sont longs comme ça! Mais l'autre jour, en voulant ouvrir sa fenêtre, il en a cassé un!...

CÉCILE, ironiquement.

Voilà un grand malheur!

ANNETTE.

Je sais bien que ça repousse... mais il a paru vivement contrarié... car depuis ce temps-là, il me sonne pour ouvrir la fenêtre.

CÉCILE.

Je t'ai déjà priée de ne pas me parler sans cesse de monsieur Garadoux... cela m'est désagréable, cela m'agace!

ANNETTE, étonnée.

Votre futur?

CÉCILE.

Oh! mon futur! le mariage n'est pas encore fait! Où est mon père? (Elle porte un vase sur la cheminée.)

ANNETTE.

Monsieur Thibaudier?... il est dans son cabinet depuis une grande heure avec un particulier venu de Paris...

CÉCILE, venant vivement à elle.

De Paris? un jeune homme... un jeune avocat? blond... l'air doux... les yeux bleus?

ANNETTE.

Non... celui-là est brun... avec des moustaches et une barbe comme du cirage.

CÉCILE, désappointée.

Ah!

ANNETTE.

Je crois que c'est un commis voyageur en vins... Monsieur ne voulait pas le recevoir... mais il a presque forcé la porte avec ses fioles.

CÉCILE.

Pourquoi papa ne le renvoie-t-il pas?

ANNETTE.

Monsieur?... il est bien trop timide pour cela! (Elle porte le deuxième vase sur la cheminée.)

CÉCILE.

Ça, c'est bien vrai!

SCÈNE II

LES MÊMES, THIBAUDIER. *

THIBAUDIER, venant du pan coupé de droite, à la cantonade, en saluant.

Monsieur, c'est à moi de vous remercier... enchanté... (Montrant deux petites bouteilles d'échantillons.) Je n'en avais pas besoin... mais j'en ai pris quatre pièces.

CÉCILE.

Vous avez acheté du vin?

* Cécile, Thibaudier, Annette.

ANNETTE.

Votre cave est pleine. (Elle remonte.)

THIBAUDIER.

Je sais bien... mais le moyen de refuser à un monsieur bien
mis... qui vient de faire quatre lieues... de Paris à Chatou...
pour vous offrir sa marchandise... Car, enfin, il s'est dérangé,
cet homme !

CÉCILE.

Mais c'est vous qu'il a dérangé.

ANNETTE, au fond. *

Est-il bon, au moins, son vin ?

THIBAUDIER.

Veux-tu goûter ?

ANNETTE, prenant un verre sur le buffet.

Voyons ! ** (Elle boit et jette un cri.) Brr !

THIBAUDIER.

C'est ce qu'il m'a semblé... J'ai même osé lui dire... avec
ménagement : « Votre vin me paraît un peu jeune ! » J'ai cru
qu'il allait se fâcher... Alors j'en ai pris quatre pièces.

ANNETTE, prenant les échantillons.

Voilà de quoi faire de la salade. (On sonne à gauche.) C'est monsieur Garadoux qui sonne pour me faire ouvrir sa fenêtre. (Elle
entre à gauche, pan coupé.)

SCÈNE III

THIBAUDIER, CÉCILE, puis ANNETTE. ***

THIBAUDIER.

Comment ! il n'est pas encore levé, monsieur Garadoux ?

* Annette, Cécile, Thibaudier.
** Cécile, Annette, Thibaudier.
*** Cécile, Thibaudier.

CÉCILE.

Non. Il ne paraît jamais avant dix heures...

THIBAUDIER.

Ça ne m'étonne pas... tous les soirs il s'empare de mon journal... Dès qu'il arrive, il monte dans sa chambre... et il le lit
pour s'endormir.

CÉCILE.

Eh bien ?... et vous...

THIBAUDIER.

Moi?... je le lis le lendemain...

CÉCILE.

Ah! c'est un peu fort...

THIBAUDIER.

Je t'avoue que ça me prive... et si tu pouvais lui en toucher
un mot... sans que cela ait l'air de venir de moi !

CÉCILE.

Soyez tranquille ! je lui parlerai !

THIBAUDIER.

Vrai ! tu oseras ?...

CÉCILE, résolûment.

Tiens !

THIBAUDIER.

J'admire ton assurance... A dix-huit ans... Moi, c'est plus
fort que moi... La présence d'un étranger dans ma maison...
ça me trouble... ç'a m'anéantit...

ANNETTE.

Pauvre père '

THIBAUDIER.

Mais cela va bientôt finir, Dieu merci !

CÉCILE.

Comment?

THIBAUDIER.

Oui, toutes ces demandes, ces présentations... j'en suis malade!... Que veux-tu? j'ai passé ma vie dans un bureau... à l'administration des Archives... et des Archives secrètes, encore! Nous ne recevions jamais personne... ça m'allait... Voilà pourquoi je n'aime pas à causer avec les gens que je ne connais pas.

CÉCILE.

Vous connaissez donc beaucoup monsieur Garadoux?

THIBAUDIER.

Pas du tout, mais il m'a été recommandé par mon notaire... que je ne connais presque pas non plus. Il s'est présenté carrément... Nous avons causé pendant deux heures... sans que j'aie eu la peine de placer quatre mots... Il faisait les demandes et les réponses... cela m'a mis tout de suite à mon aise :

AIR *du Piège.*

« Bonjour monsieur, commment vous portez-vous?
Bien! je le vois... Grand merci, moi de même.
Maître Godard vous a parlé pour nous...
    Tant mieux! Ma joie en est extrême.
Croyez, monsieur, que je serais flatté
D'être admis dans votre famille...
Hein?... Pas un mot?... Allons! c'est arrêté;
Vous m'accordez la main de votre fille. »

CÉCILE.

Et vous lui...

THIBAUDIER.

Il paraît que je lui ai accordé ta main... à ce qu'il m'a dit. Alors il est venu s'installer ici depuis quinze jours... et, aujourd'hui même, nous devons aller à la mairie pour faire les publications.

CÉCILE.

Aujourd'hui?

THIBAUDIER.

C'est lui qui a décidé ça... moi je ne me mêle de rien!

CÉCILE.

Mais papa...

THIBAUDIER.

Quoi?

CÉCILE.

Est-ce qu'il vous plaît beaucoup, monsieur Garadoux?

THIBAUDIER.

C'est un charmant garçon... qui a une facilité de parole...

CÉCILE.

Il est veuf! je ne veux pas épouser un veuf!

THIBAUDIER.

Mais..

CÉCILE.

Mais si par hasard... un autre prétendu se présentait?

THIBAUDIER.

Comment! un autre prétendu!... encore des demandes! des entrevues! il faudrait recommencer! ah! non, non! * (Il va s'asseoir près de la table, à gauche.)

CÉCILE.

Celui dont je parle n'est pas un étranger... vous savez bien... monsieur Jules Frémissin... un avocat...

THIBAUDIER.

Un avocat!... je ne pourrai jamais causer avec un avocat!

CÉCILE.

C'est le neveu de ma marraine...

THIBAUDIER.

Le neveu! le neveu! je ne l'ai jamais vu!

CÉCILE.

Je croyais que ma marraine vous avait écrit...

THIBAUDIER.

Il y a trois mois... avant Garadoux... ce n'était qu'un projet en l'air... et puisque ce monsieur n'a pas paru, c'est qu'il n'a jamais pensé à toi!

CÉCILE.

Oh! si, papa... j'en suis sûre.

* Thibaudier, Cécile.

THIBAUDIER.

Comment ! tu es sûre ! voyons ? parle-moi franchement...
que s'est-il passé ? (Elle s'assied sur ses genoux.)

CÉCILE.

Oh ! rien ! il ne m'a jamais parlé !

THIBAUDIER.

Eh bien ?

CÉCILE.

Mais, le jour de ce grand dîner que ma tante a donné pour
sa fête... et où vous n'avez pas voulu venir...

THIBAUDIER.

Je n'aime pas les réunions... où il y a du monde.

CÉCILE.

J'étais à table, près de monsieur Frémissin... il rougissait...
il ne faisait que des gaucheries.

THIBAUDIER.

Je connais ça... lesquelles ?

CÉCILE.

D'abord, il a cassé son verre !

THIBAUDIER.

Ce n'est pas un symptôme... c'est une maladresse

CÉCILE.

Ensuite, quand je lui ai demandé à boire... il m'a passé la
salière.

THIBAUDIER.

Il est peut-être sourd.

CÉCILE.

Oh ! non papa, il n'est pas sourd... Il était troublé. Voilà
tout.

THIBAUDIER.

Eh bien ?

CÉCILE.

Eh bien, pour qu'un jeune homme qui est avocat... qui parle

en public... soit troublé à ce point... (Baissant les yeux) il faut bien qu'il y ait une raison...

THIBAUDIER.

Et cette raison... c'est qu'il t'aime?

CÉCILE, so levan..

Dame ! papa !... si cela était?

THIBAUDIER, se levant.

Si cela était, il serait venu... il n'est pas venu... donc cela n'est pas ! et j'en suis bien aise, car au point où sont les choses avec monsieur Garadoux...

ANNETTE, entrant du fond.

Monsieur, c'est une lettre que le facteur apporte. (Elle sort.)

CÉCILE, vivement.

L'écriture de ma marraine !

THIBAUDIER.

Voyons, ne te monte pas la tête. Encore quelque invitation... c'est insupportable ! (Lisant.) « Cher monsieur Thibaudier... » permettez-moi de vous adresser monsieur Jules Frémissin, » mon neveu, dont je vous ai parlé il y a quelques mois... il » aime notre chère Cécile...

CÉCILE, avec joie.

J'en étais bien sûre !

THIBAUDIER.

Allons bon ! des complications ! (Reprenant sa lecture.) « Son » rêve serait d'obtenir sa main... je devais l'accompagner au- » jourd'hui pour traiter cette importante affaire, mais je suis « retenue par une indisposition, il se présentera seul... »

CÉCILE.

Il va venir !

THIBAUDIER.

Je n'y suis pas ! *

* Cécile, Thibaudier.

CÉCILE.

Ah ' papa !

THIBAUDIER.

Mais c'est impossible, j'ai donné ma parole à Garadoux... tu vas me lancer dans des difficultés.

CÉCILE.

Je vous soutiendrai, papa !

THIBAUDIER.

Mais, qu'est-ce que tu veux que je devienne entre deux prétendus ?

CÉCILE.

Vous congédierez monsieur Garadoux !

THIBAUDIER.

Moi ?... (Apercevant Garadoux qui sort de sa chambre.) Chut ! le voici !

SCÈNE IV

LES MÊMES, GARADOUX, ANNETTE. *

GARADOUX, entrant par la gauche, pan coupé.

Bonjour... cher beau-père...

THIBAUDIER, saluant.

Monsieur Garadoux...

GARADOUX, saluant Cécile.

Ma charmante future... vous êtes fraîche, aujourd'hui, comme un bouquet de cerises.

CÉCILE.

Je vous remercie... pour ma fraîcheur des autres jours ! (Elle remonte à la table.)

* Cécile, Garadoux, Thibaudier, Annette.

THIBAUDIER, à part.

Oh! elle va trop loin! (Haut.) Ce cher Garadoux!... Vous avez bien dormi?

GARADOUX.

Parfaitement! (A Cécile.) Je me suis levé un peu tard peut-être?...

CÉCILE.

Je n'ai pas dit cela!

THIBAUDIER.

Le fait est que vous n'aimez pas la campagne, le matin... (Vivement.) Ce n'est pas un reproche!

GARADOUX.

Moi! assister au réveil de la nature, je ne connais pas de plus magnifique tableau! Les fleurs ouvrent leurs calices, le brin d'herbe redresse sa tête pour rendre hommage au soleil levant. (Il examine ses ongles.) Le papillon essuie ses ailes encore humides des baisers de la nuit. (Il tire un petit instrument de sa poche et lime ses ongles.)

THIBAUDIER, à part, s'asseyant.

Le voilà parti!... C'est très-commode!

CÉCILE, à part.

Il fait sa toilette!

GARADOUX, continuant à faire sa toilette.

L'abeille diligente commence ses visites à la rose pendant que la fauvette à tête noire...

CÉCILE, à part.

C'est impatientant! (Brusquement, à Garadoux.) Quoi de nouveau dans le journal?

GARADOUX.

Comment? le journal?

CÉCILE.

Vous l'avez monté, hier soir... et mon père n'a pu le lire...

THIBAUDIER, a part, se levant

Oh!... a-t-elle un aplomb!

GARADOUX.

Mille pardons, monsieur Thibaudier, c'est par inadvertance!

THIBAUDIER.

Oh! il n'y a pas de mal!

GARADOUX, tirant le journal de sa poche.

Je ne l'ai pas même lu...

THIBAUDIER.

Vous ne l'avez pas lu? Alors, gardez-le, monsieur Garadoux!

GARADOUX, insistant pour le rendre.

Non, je vous en prie.

THIBAUDIER, refusant.

Moi, je vous en supplie...

GARADOUX, le remettant dans sa poche.

Allons, puisque vous le voulez! * (Il va à la cheminée et arrange sa cravate devant la glace.)

THIBAUDIER, à part.

J'aurais pourtant bien voulu voir le cours de la rente!

ANNETTE, entrant.

Monsieur...

THIBAUDIER.

Qu'est-ce?

ANNETTE.

C'est la carte de visite d'un monsieur qui attend là... à la grille... (Elle remet la carte à Thibaudier.)

CÉCILE, se rapprochant vivement de son père.

Un monsieur?... (Après avoir jeté un coup d'œil.) C'est lui! monsieur Jules!

THIBAUDIER, bas.

Saprelotte!... et devant l'autre!... Que faire?

---

* Cécile, Thibaudier, Garadoux.

CÉCILE, bas.

Vous ne pouvez pas lui refuser votre porte. (Haut, à Annette.) Faites entrer. (Annette sort.)

GARADOUX.

Une visite?... Ah çà, beau-père, n'oubliez pas qu'à midi nous allons à la mairie pour les publications

THIBAUDIER.

Certainement, mon cher Garadoux, certainement! (Bas à Cécile.) Au moins, emmène-le.

CÉCILE. *

Voulez-vous m'accompagner, monsieur Garadoux?

GARADOUX.

Volontiers, mademoiselle... où allons-nous?

CÉCILE.

Arroser mes fleurs.

GARADOUX, froidement.

Ah!... c'est que le soleil est bien ardent.

CÉCILE.

Raison de plus! mes corbeilles meurent de sécheresse... Allons! venez!

GARADOUX.

Avec plaisir!

CÉCILE, à part.

S'il pouvait encore se casser un ongle!

AIR de *l'Omelette à la Follembuche.*

CÉCILE.

Venez, monsieur, arroser mes fleurs,
Comptez sur leur reconnaissance,
En doux parfums, en riches couleurs
Elles paieront votre assistance.

* Thibaudier, Cécile, Garadoux.

GARADOUX.

Voyez mon obéissance !

THIBAUDIER, à part.

Que faire en cette occurrence ?

ENSEMBLE.

CÉCILE.

Venez, venez arroser mes fleurs,
En doux parfums, en riches couleurs
    Elles paieront votre assistance.
Allons, venez arroser mes fleurs !

GARADOUX.

Allons, je vais arroser vos fleurs.
Mais pour les soins donnés à vos sœurs,
    De vous j'attends ma récompense.
Allons, allons arroser vos sœurs.

THIBAUDIER, à part.

Quel sort cruel ! deux adorateurs !
Voilà de quoi combler mes malheurs !
    A qui donner la préférence
    Entre ces deux adorateurs ?

(Garadoux et Cécile sortent par le fond.)

SCÈNE V

THIBAUDIER, ANNETTE.

THIBAUDIER, seul.

Mon Dieu ! mon Dieu ! mon Dieu ! quelle situation ! un prétendu accepté... installé !... et un autre !... un avocat encore !...
il doit avoir une langue !... il va m'entortiller avec sa langue !...
je me connais, je suis capable de lui dire : Oui... comme à
l'autre !... ça en fera deux !

ANNETTE, annonçant au fond.

Monsieur Frémissin ! (Elle sort par la droite.)

2.

THIBAUDIER, effrayé.

Lui!...que lui dire!... (Se regardant et saisissant ce prétexte): Ah! je n'ai pas d'habit.. je vais mettre un habit! (Il se sauve par la première porte à gauche au moment où Frémissin paraît au fond.)

SCÈNE VI

FRÉMISSIN, seul. Il entre par le fond timidement, très-décontenancé, et salue tout bas.

Monsieur... madame... j'ai bien l'honneur... (Regardant autour de lui.) Tiens! personne! Ah! tant mieux! ce que je redoutais le plus, c'était de rencontrer quelqu'un... Je frissonne à l'idée de me trouver en présence de ce père... qui sait que j'aime sa fille... (Avec feu.) Ah! oui, je l'aime!... depuis ce dîner où j'ai cassé un verre... je viens tous les jours à Chatou pour faire ma demande... j'arrive par le convoi de midi, je n'ose pas entrer, et je repars par celui d'une heure. Si cela devait continuer, je prendrais un abonnement au chemin de fer... mais aujourd'hui.. j'ai eu du courage? j'ai franchi la grille! sans ma tante! qui n'a pu m'accompagner... et je vais être obligé... moi-même... tout seul de... (Effrayé.) Mais est-ce que ça se peut? Est-ce qu'il est possible de dire à un père... qu'on ne connaît pas : « Monsieur, voulez-vous avoir l'obligeance de me donner votre fille pour l'emmener chez moi et... » (Se révoltant.) Non! on ne peut pas dire ces choses-là! et jamais je n'oserai... (Tout à coup.) Si je m'en allais!... personne ne m'a vu... je m'en vais! je reviendrai demain... à midi. (Il remonte vers le fond et se rencontre vers la porte avec Cécile.)

SCÈNE VII

CÉCILE, FRÉMISSIN.

FRÉMISSIN, s'arrêtant.

Trop tard!

CÉCILE, jouant la surprise.

Je ne me trompe pas... Monsieur Jules Frémissin!

FRÉMISSIN, troublé.

Oui, monsieur...

CÉCILE.

Hein ?

FRÉMISSIN, se reprenant.

Oui, mademoiselle...

CÉCILE.

A quel heureux hasard devons-nous l'honneur de votre visite?

FRÉMISSIN.

C'est bien le hasard, en effet... je passais... je cherchais le notaire.

CÉCILE.

Ah!

FRÉMISSIN.

J'ai affaire au notaire de Chatou... j'ai vu une grille... j'ai sonné... mais je vois que je me suis trompé... (Saluant.) Mademoiselle, j'ai bien l'honneur...

CÉCILE.

Mais attendez donc!...mon père sera charmé de vous voir...

FRÉMISSIN.

Oh! ne le dérangez pas! je me retire...

CÉCILE.

Du tout! vous me feriez gronder... veuillez vous asseoir...

FRÉMISSIN, se heurtant sur une chaise.

Avec plaisir... je ne suis pas fatigué. (Il ôte ses gants et les re met vivement.)

CÉCILE, à part.

Pauvre garçon! comme il est troublé!

FRÉMISSIN, à part.

Qu'elle est jolie!

CÉCILE.

Vous me permettez de garnir mon sucrier? (Elle va prendre
sur le buffet un sucrier et une boîte à sucre.)

FRÉMISSIN.

Comment donc! si je vous gêne?...

CÉCILE.

Mais pas du tout!... et même si je ne craignais d'être in-
discrète...

FRÉMISSIN.

Parlez, mademoiselle!

AIR de *M. Couder.*

CÉCILE

C'est agir sans cérémonie
Mais vous voudrez bien m'excuser...

FRÉMISSIN.

De quoi s'agit-il, je vous prie?

CÉCILE.

Eh bien ! allons ! je vais oser :
Abusant de votre obligeance,
Puis-je, monsieur, vous supplier...

FRÉMISSIN

De quoi ?

CÉCILE.

D'avoir la complaisance
De me tenir mon sucrier ?

FRÉMISSIN (parlé).

Avec bonheur ! avec transport!!!

ENSEMBLE.

CÉCILE.	FRÉMISSIN
Pardon de la peine.	Je vous rends sans peine
(A part.)	Ce service-là.
Mais comme cela,	(A part.)
Je suis bien certaine	Ce charmant sans-gêne
Qu'il nous restera !	M'enhardit déjà.

(Cécile choisit les morceaux de sucre dans la boîte et les met un à un
dans le sucrier.)

FRÉMISSIN, à part, tenant le sucrier.

Si son père nous surprenait dans cette position!... Il faut pourtant que je lui dise quelque chose... j'ai l'air d'un idiot! (Surmontant sa timidité, haut.) Mademoiselle Cécile!...

CÉCILE, avec un sourire encourageant.

Monsieur Jules!

FRÉMISSIN, balbutiant.

Il est bien blanc votre sucre!...

CÉCILE.

Comme tous les sucres...

FRÉMISSIN, avec tendresse.

Oh! non, pas comme tous les sucres...

CÉCILE, à part.

Qu'est-ce qu'il a donc?

FRÉMISSIN, à part.

J'ai été trop loin. (Haut.) Est-il de canne ou de betterave?

CÉCILE.

Je ne sais pas... je n'en connais pas la différence.

FRÉMISSIN.

Oh! elle est très-grande... l'un est bien plus... tandis que l'autre... est récolté par les nègres...

CÉCILE, le regardant, très-étonnée.

Ah! je vous remercie! (Elle prend son sucrier, s'éloigne de lui et va au buffet.)

FRÉMISSIN, à part.

C'est bien fait! pourquoi vais-je me fourrer dans la question des sucres?

CÉCILE, voyant entrer Thibaudier.

Voici mon père!

FRÉMISSIN.

Ah! mon Dieu!

SCÈNE VIII

FRÉMISSIN, CÉCILE, THIBAUDIER. * (Thibaudier entre par la gauche, très-décontenancé. Il est en habit noir.)

CÉCILE.

Papa, c'est monsieur Jules Frémissin... (Thibaudier et Frémissin se tiennent aux deux extrémités de la scène, très-embarrassés et n'osant lever les yeux l'un sur l'autre.)

THIBAUDIER, à part.

Allons! il le faut! (Saluant Jules de loin.) Monsieur... je suis ès-heureux... certainement...

FRÉMISSIN, balbutiant.

C'est moi, monsieur, qui... certainement.

THIBAUDIER, à part.

Qu'il a l'air imposant.

FRÉMISSIN, à part.

J'aurais bien mieux fait de m'en aller.

CÉCILE.

Vous avez sans doute à causer... je vous laisse.

THIBAUDIER et FRÉMISSIN, voulant la retenir.

Comment!

CÉCILE.

Il faut que je prépare mon dessert. (A Frémissin.) Asseyez-vous... (A son père.) Vous aussi, papa... (Tous deux s'asseyent. Bas à Frémissin.) Courage! (Bas à son père.) Courage! (Elle sort à gauche.)

* Thibaudier, Cécile, Frémissin.

SCÈNE IX

THIBAUDIER, FRÉMISSIN. Ils sont assis en face l'un de l'autre, et sont très-embarrassés.

THIBAUDIER, à part.

Nous voilà seuls...—Il a l'air d'avoir un aplomb de tous les diables !

FRÉMISSIN, à part.

Jamais je n'ai été si mal à mon aise. (S'inclinant.) Monsieur...

THIBAUDIER, s'inclinant.

Monsieur?... (A part.) Il va me faire sa demande !...

FRÉMISSIN.

Vous avez sans doute reçu une lettre de ma tante?

THIBAUDIER.

Et comment se porte-t-elle, cette chère dame?

FRÉMISSIN.

Parfaitement...

THIBAUDIER.

Allons ! tant mieux ! tant mieux !

FRÉMISSIN.

Sauf ses rhumatismes, qui ne la quittent pas depuis huit jours.

THIBAUDIER.

Allons ! tant mieux ! tant mieux !

FRÉMISSIN.

Mais j'espère que le beau temps... le soleil...

THIBAUDIER, vivement.

Mon baromètre monte !

FRÉMISSIN.

Le mien aussi... C'est drôle ! deux baromètres qui montent en même temps.

THIBAUDIER.

C'est fâcheux pour mes rosiers, ils vont griller.

FRÉMISSIN.

Vous êtes amateur?

THIBAUDIER.

Passionné... je fais des semis!

FRÉMISSIN.

Moi aussi!

THIBAUDIER.

Allons! tant mieux! tant mieux! (A part.) Jusqu'à présent, ça marche très-bien!

FRÉMISSIN, à part.

Il a l'air bonhomme... Si j'essayais... (Haut, très-ému, se levant.) Dans sa lettre... ma tante daignait... vous annoncer ma visite...

THIBAUDIER, à part, se levant.

Nous y voilà... (Haut.) En effet!... en effet!... mais elle ne m'indiquait pas précisément... le but...

FRÉMISSIN.

Comment? elle ne vous a pas dit?...

THIBAUDIER.

Non! elle ne m'en a pas soufflé mot...

FRÉMISSIN, à part.

Ah! mon Dieu!... mais alors... c'est encore plus difficile. (Haut, avec effort.) Monsieur... c'est en tremblant...

THIBAUDIER, détournant.

Quel soleil! regardez donc ce soleil! ça va tout brûler...

FRÉMISSIN.

Oui... moi, je couvre avec des paillassons... (Reprenant.) C'est en tremblant que je viens solliciter la faveur de...

THIBAUDIER, détournant.

Voulez-vous vous rafraîchir?

FRÉMISSIN.

Merci! je ne bois jamais entre mes repas

THIBAUDIER.

Moi non plus... Une fois, j'avais très-chaud... j'ai voulu boire un verre de b'ère... ça m'a fait mal.

FRÉMISSIN.

Allons! tant mieux! tant mieux! — Je viens solliciter la faveur...

THIBAUDIER, détournant.

Ah! vous cultivez des rosiers?...

FRÉMISSIN.

J'ai exposé l'année dernière l'*Étendard de Marengo.*

THIBAUDIER.

Et moi le *Géant des batailles*... trois pouces de diamètre!

FRÉMISSIN.

Avez-vous le *Triomphe d'Avranches?*

THIBAUDIER.

Non... mais j'ai les *Prémices de Pontoise!*

FRÉMISSIN, reprenant.

Monsieur, c'est en tremblant...

THIBAUDIER, lui offrant une prise.

En usez-vous, monsieur?

FRÉMISSIN.

Jamais entre mes repas... — C'est en tremblant que je viens solliciter... la faveur... d'obtenir...

THIBAUDIER.

Quoi?

FRÉMISSIN, déconcerté.

Mais... quelques-unes de vos greffes!...

THIBAUDIER, vivement.

Comment donc! jeune homme... avec plaisir...

FRÉMISSIN.

Mais, monsieur...

THIBAUDIER, vivement.

Je cours les envelopper moi-même dans la mousse mouillée...

FRÉMISSIN, à part.

Il s'en va?... (Haut.) Monsieur Thibaudier...

THIBAUDIER.

Enchanté, cher monsieur... enchanté!... (A part.) Je l'échappe belle!... ouf! (Il sort vivement par le fond et tonrne à droite.)

SCÈNE X

FRÉMISSIN, CÉCILE.

FRÉMISSIN.

Il est parti!... et je n'ai pas trouvé un mot!... Imbécile... brute... âne... crétin!...

CÉCILE, entrant gaiement du fond et venant de la gauche.

Eh bien! monsieur Jules?

FRÉMISSIN.

Elle!

CÉCILE.

Vous avez causé avec mon père?

FRÉMISSIN.

Oui, mademoiselle...

CÉCILE.

Et... avez-vous été content de l'entrevue?

FRÉMISSIN.

Enchanté!... Et la preuve c'est qu'il est allé me chercher ce que je lui demandais...

CÉCILE, naïvement.

Il me cherche?

FRÉMISSIN.

Non! pas vous... des greffes de rosiers!

CÉCILE, étonnée.

Des greffes!

FRÉMISSIN.

Oui, mademoiselle... pendant un quart d'heure... c'est à ne pas y croire! nous n'avons parlé que du *Géant des batailles* et du *Triomphe d'Avranches*.

CÉCILE.

Mais pourquoi cela?

FRÉMISSIN.

Ah! parce que... parce que je suis possédé d'une infirmité déplorable. Je suis timide!...

CÉCILE.

Vous aussi?

FRÉMISSIN.

Mais, timide jusqu'à l'idiotisme, jusqu'à l'imbécillité! Ainsi, on me tuerait plutôt que de me faire dire tout haut ce que je me dis tout bas depuis trois mois... c'est-à-dire que je vous aime! que je vous adore! que vous êtes un ange!...

CÉCILE.

Mais il me semble que vous le dites très-bien!

FRÉMISSIN, stupéfait de son audace.

Je l'ai dit!!! Oh! pardon! ça ne compte pas, ça m'a échappé!... Je ne vous le dirai plus... jamais... je vous le jure!...

CÉCILE, vivement.

Ne jurez pas... Je ne vous demande pas de serment!... Timide... un avocat! ça doit bien vous gêner pour plaider.

FRÉMISSIN.

Aussi, je ne plaide jamais!... ça m'est arrivé une fois... et ça ne m'arrivera plus.

CÉCILE.

Que s'est-il donc passé?

FRÉMISSIN.

Ma tante m'avait procuré un client... car Dieu m'est témoin que je n'ai pas été le chercher. C'était un homme violent... il avait laissé tomber sa canne sur le dos de sa femme...

CÉCILE.

Et vous le défendiez?

FRÉMISSIN.

Vous allez voir si je l'ai défendu!... Le grand jour arrive... tous mes camarades étaient à l'audience... J'avais préparé une plaidoirie brillante... Je la savais par cœur... Tout à coup, un grand silence se fait... et le président me dit en m'adressant un geste bienveillant : « Avocat! vous avez la parole! » Je me lève... Je veux parler... impossible! rien, pas un mot! pas un son! Le tribunal me regardait, le président me répétait : Vous avez la parole... Je ne l'avais pas du tout! Mon client me criait : Allez donc! allez donc! Enfin, je fais un effort! quelque chose d'inarticulé sort de mon gosier : « Messieurs, je recommande le prévenu à... toute la sévérité du tribunal. » Et je retombe sur mon banc!

CÉCILE.

Et votre client?

FRÉMISSIN.

Il a été condamné au maximun! six mois de prison!

CÉCILE.

C'est bien fait!

FRÉMISSIN.

C'était trop peu pour ce qu'il m'avait fait souffrir! Aussi, je n'ai jamais voulu recevoir d'honoraires... Il est vrai qu'il a négligé de m'en offrir. — Et maintenant que vous me connaissez... voyez s'il m'est possible d'adresser moi-même à monsieur votre père... une demande...

CÉCILE.

Je ne puis pourtant pas lui demander ma main pour vous...

FRÉMISSIN, naïvement.

Non ! ça ne serait pas convenable; alors, j'attendrai que ma tante soit guérie !

CÉCILE, vivement.

Attendre ! mais vous ne savez donc pas qu'il y a ici un autre prétendu ?

FRÉMISSIN, tressaillant.

Un autre ?

CÉCILE.

Installé... accueilli par mon père !

FRÉMISSIN, passant devant elle. *

Ah ! mon Dieu ! une lutte ! un rival !

CÉCILE.

Mais je ne l'aime pas, et si l'on me force à l'épouser, je mourrai certainement de chagrin !

FRÉMISSIN.

Mourir ! vous ! (Avec résolution.) Où est votre père ? qu'il vienne !

CÉCILE.

Vous parlerez ?

FRÉMISSIN.

Oui ! je parlerai !

CÉCILE.

A la bonne heure !

FRÉMISSIN.

Envoyez-moi monsieur votre père !

CÉCILE.

Je vais le chercher !... courage ! courage ! (Elle sort par le fond et tourne à gauche.)

* Cécile, Frémissin.

SCÈNE XI

FRÉMISSIN, seul.

Oui, je parlerai !... c'est-à-dire non !... Je ne parlerai pas...
j'ai un autre moyen... meilleur... je vais écrire : j'ai la plume
très-hardie ! (S'asseyant à la table.) C'est ça... une lettre ! (Il écrit
rapidement tout en parlant.) Au moins une lettre ne rougit pas, ne
tremble pas... On peut casser les vitres !... et je les casse ! (Il
plie et met l'adresse.) A monsieur Thibaudier. (Mettant un timbre par
habitude.) Un timbre... Voilà ce que c'est.

THIBAUDIER, au dehors.

Tenez-les au frais ! on va venir les prendre !

FRÉMISSIN, ému.

Lui ! déjà (Montrant sa lettre.) Je ne peux pas lui mettre ça dans
la main... Ah ! sur la pendule. (Il met vivement sa lettre sur la pendule et s'en éloigne.)

SCÈNE XII

FRÉMISSIN, THIBAUDIER.

THIBAUDIER, entrant par le fond et venant de la droite.

Cher monsieur, vos greffes sont prêtes...

FRÉMISSIN, troublé.

Merci. (A part.) Il n'a pas vu sa fille !

THIBAUDIER.

J'ai fait ajouter au paquet le *Comice de Seine-et-Marne.*

FRÉMISSIN.

Mille fois trop bon ! (Indiquant du geste.) Sur la pendule !... sur la pendude !

THIBAUDIER.

Plaît-il ?

FRÉMISSIN.

Une lettre ! Je reviendrai chercher la réponse. (Il sort vivement par le fond.)

SCÈNE XIII

CÉCILE, THIBAUDIER.

THIBAUDIER, seul.

Sur la pendule?... Une lettre? (Il la prend.)

CÉCILE, entrant par la gauche, première porte.

Ah! papa, je vous cherche partout. (Regardant, étonnée.) Eh bien ! et monsieur Frémissin !

THIBAUDIER.

Il sort à l'instant, mais il paraît qu'il vient de m'écrire... sur la pendule !

CÉCILE.

Comment !

THIBAUDIER, regardant l'adresse.

C'est bien pour moi... Tiens ! il a mis un timbre !

CÉCILE, impatiente.

Voyons, papa... voyons vite !...

THIBAUDIER, lisant.

« Monsieur, j'aime mademoiselle votre fille !... non, je ne » l'aime pas ! »

CÉCILE.

Hein ?

THIBAUDIER, lisant.

« Je l'adore ! »

CÉCILE.

Ah !

THIBAUDIER.

Mais éloigne-toi donc, tu ne dois pas écouter ça !

CÉCILE.

Oh ! papa, je le savais !

THIBAUDIER.

Ah ! c'est différent. (Reprenant sa lecture.) « Je l'adore ! » (S'interrompant.) Tu le savais, mais comment l'as-tu appris ?

CÉCILE.

Il me l'a dit !...

THIBAUDIER.

Ah ! je disais aussi... (Se ravisant.) Mais c'est fort impertinent de sa part.

CÉCILE.

La suite ? la suite ?

THIBAUDIER.

Oui... (Lisant.) « Vous n'avez que deux choses à m'offrir... sa » main ou une loge à Charenton ! »

CÉCILE.

Eh bien ! papa ?

THIBAUDIER.

Eh bien ! puisqu'il me laisse le choix, je lui offre une loge !

CÉCILE.

Oh ! petit père !

THIBAUDIER.

Ne cherche pas à m'attendrir !

CÉCILE.

Vous qui m'aimez tant !

THIBAUDIER.

Non, mademoiselle ! je ne vous aime pas... tant que ça !

CÉCILE, le câlinant.

Oh ! je le sais bien !

AIR de *Broskovano* (Deffès).

Vous n'aimez pas votre Cécile,
Vous ne voulez pas son bonheur.
Vous supplier est inutile,
Rien ne peut toucher votre cœur.
Mon malheur, j'en suis bien certaine,
Voilà votre vœu le plus doux,
Et je n'ai droit qu'à votre haine,
Pour tout l'amour que j'ai pour vous.

THIBAUDIER, à part.

Est-elle gentille ! (Il l'embrasse.) Mais qu'est-ce que tu veux que je dise à M. Garadoux ?

CÉCILE.

Oui... je comprends... votre timidité !

THIBAUDIER.

Comment ! ma timidité ! mais je ne suis pas timide !

CÉCILE

Oh ! ça !

THIBAUDIER.

Un homme en vaut un autre.

CÉCILE.

Certainement.

THIBAUDIER.

Je n'ai pas peur de M. Garadoux ! et je saurai bien lui dire... sans me gêner, que... que... (A sa fille.) Qu'est-ce qu'il faudra lui dire ?

CÉCILE.

Oui... c'est là l'embarras... parler ! — (vivement.) Faites comme monsieur Frémissin !

THIBAUDIER.

Quoi ?

CÉCILE.

Ne parlez pas... écrivez !

THIBAUDIER, enchanté.

Écrire !... Parbleu !... tu as raison !... s'il ne s'agit que d'é-
crire !...

CÉCILE, le faisant asseoir à la table.

Vite ! vite ! mettez-vous là !

THIBAUDIER, s'asseyant et prenant une plume.

Tu vas voir ! (Écrivant.) « Monsieur. » (S'arrêtant.) C'est un
peu sec... (Ecrivant.) « Cher Monsieur. » (A sa fille.) Après ? Qu'est-
que tu mettrais ?

CÉCILE, dictant.

« Votre recherche me flatte...

THIBAUDIER, écrivant.

» Et m'honore. » (Parlé.) Adoucissons !... adoucissons !...

CÉCILE, dictant.

« Mais il m'est impossible de donner suite à vos projets de
» mariage avec ma fille... »

THIBAUDIER, écrivant.

« Avec ma fille... » (Parlé.) Mais, ça ne suffit pas, il faut trouver une raison !

CÉCILE.

J'en ai une !

THIBAUDIER.

Ah ! voyons !

CÉCILE, dictant.

« Croyez bien, cher Monsieur, que je n'obéis en cette cir-
» constance qu'à des considérations toutes particulières et toutes
» personnes, qui n'affaiblissent en rien les sentiments avec les-
» quels j'ai l'honneur d'être... »

Thibaudier, Cécile.

THIBAUDIER.

Tu appelles ça une raison'?

CÉCILE.

C'est une raison diplomatique.

GARADOUX, dans la coulisse.

Portez ça dans ma chambre!

THIBAUDIER.

C'est lui!!!

CÉCILE.

Je vous laisse...

THIBAUDIER.

Comment! tu t'en vas?

CÉCILE.

Sonnez Annette, et... chargez-la de remettre votre lettre.

THIBAUDIER.

C'est juste! (A part.) Elle est pleine d'idées, ma fille.

CÉCILE, lui présentant son front.

Adieu, petit père... quand vous le voulez, vous êtes charmant! (Elle sort par la gauche.)

SCÈNE XIV

THIBAUDIER, GARADOUX.

THIBAUDIER, seul.

L'enfant gâté! (Il sonne.) Appelons Annette.

GARADOUX paraît au fond.

Comment, beau-père, vous n'êtes pas encore prêt?

THIBAUDIER, à part, se levant.

Ce n'est pas Annette. (Haut.) Prêt... pour quoi faire?

GARADOUX.

Pour aller à la mairie... dépêchez-vous.

THIBAUDIER.

Oui. (A part.) Si cette bête d'Annette était venue! (Haut.) Mon gendre... Non! cher monsieur, en vous attendant .. j'ai écrit une lettre... une lettre importante.

GARADOUX, sans l'écouter.

Une grande nouvelle! mais pas un mot à votre fille.

THIBAUDIER.

Quoi donc?

GARADOUX.

La corbeille vient d'arriver.

THIBAUDIER.

Quelle corbeille?

GARADOUX.

La corbeille de noce.

THIBAUDIER.

Comment! vous avez acheté!... (A part, avec desespoir.) Il a acheté la corbeille!

GARADOUX, tirant son petit instrument et se limant les ongles.

Vous verrez!... Je crois que ce n'est pas mal!... Il y a surtout deux bracelets!... (A lui-même.) Je me suis encore cassé un ongle en arrosant. (A Thibaudier.) Style renaissance... bleu sur fond d'or.

THIBAUDIER, à part.

Bleu sur fond d'or! (Haut, faisant un effort.) La lettre que je viens d'écrire....

GARADOUX.

J'ai aussi ensé à vous, papa Thibaudier!

THIBAUDIER.

A moi?

GARADOUX, tirant de sa poche une tabatière d'or.

— Un souvenir... une tabatière.

THIBAUDIER.

Comment?

GARADOUX.

— C'est du Louis XV... sans restauration.

THIBAUDIER, touché.

Comment, monsieur... Non! mon gendre... vous avez eu la bonté...

GARADOUX.

— Ce cher papa Thibaudier!... Je vous aime, moi, allez!

THIBAUDIER.

Moi aussi! (A part.) Un homme qui vous donne des tabatières!... C'est impossible!

GARADOUX.

— Diable! midi! Dépêchons-nous, votre maire va nous attendre!

THIBAUDIER, ahuri.

Ma mère? (Se ravisant.) Ah!... je n'ai qu'une cravate à mettre!

GARADOUX.

— Et moi, un habit. (Regardant sa main, à part.) Diable d'ongle! (A Thibaudier.) Je suis à vous dans cinq minutes. (Il entre dans sa chambre, pan coupé à gauche.)

SCÈNE XV

THIBAUDIER, puis FRÉMISSIN.

THIBAUDIER, seul.

Il n'y avait vraiment pas moyen! il a acheté la corbeille. Je vais déchirer ma lettre... Et l'autre? Frémissin, qui va venir chercher ma réponse!... Quel embarras!... ça n'a pas de nom!... (Jetant les yeux sur la lettre qu'il tient.) Mais ma lettre non plus n'a

pas de nom!... (Allant à la table.) Je vais y mettre celui de Frémissin... Ma fille ne peut pas en épouser deux... et, puisque
l'autre a acheté la corbeille. (Il écrit.) « A monsieur Jules Fré-
» missin, avocat au barreau de Paris. »—Mettons un timbre.—
(Se levant.) Et maintenant... sur la pendule!... (Il met sa lettre sur
la pendule.)

FRÉMISSIN, entrant du fond.

Pardon, monsieur, c'est moi!

THIBAUDIER.

Sur la pendule!... sur la pendule!... (Il sort par la gauche.)

SCÈNE XVI

FRÉMISSIN, CÉCILE.

FRÉMISSIN, seul.

Sur la pendule!... (Il court prendre la lettre.) Est-ce qu'il n'a pas
lu? Ah! si, c'est la réponse. Sur la pendule, notre boîte aux
lettres. Je suis ému! je n'ose pas l'ouvrir! (Lisant.) « Cher mon-
» sieur, votre recherche me flatte et m'honore. » (parlé.) Ah!
qu'il est bon! (Lisant.) « Mais il m'est impossible de donner suite
» à vos projets de mariage... » (Tombant assis près du guéridon, sur
une chaise.) Ah!... refusé!... j'en étais sûr!

CÉCILE, entrant du fond. *

Monsieur Jules, vous avez vu...

FRÉMISSIN.

Votre père? Oui, mademoiselle... voilà sa réponse! (Il la
donne la lettre.)

CÉCILE, la regardant.

Hein? ma lettre? mais elle n'est pas pour vous!

FRÉMISSIN, lui montrant l'adresse.

« A monsieur Jules Frémissin, avocat au barreau de Paris. »

---

* Cécile, Frémissin.

CÉCILE.

Et c'est lui qui vous l'a remise ?

FRÉMISSIN.

Lui-même ! sur la pendule !

CÉCILE, indignée

Oh ! c'est trop fort ! me manquer de parole ? me jouer comme une enfant !

FRÉMISSIN, de même.

Vous sacrifier !

CÉCILE, avec résolution.

Oh ! mais nous allons voir ! Je ne suis pas timide, moi ! — Monsieur Jules !

FRÉMISSIN, de même.

Mademoiselle ?

CÉCILE.

Envoyez-moi chercher une voiture.

FRÉMISSIN.

Une voiture ? pour qui ?

CÉCILE.

Vous le saurez... Allez !

FRÉMISSIN.

Tout de suite, mademoiselle. (A part.) Quelle énergie ! (Il sort vivement par le fond.)

SCÈNE XVII

CÉCILE, puis THIBAUDIER, puis ANNETTE.

CÉCILE.

Ah ! c'est comme ça que mon père se joue de ses promesses !

Air de *la Clef des champs* (Deffès).

On verra, l'on verra
Qui des deux cédera ;
  Mon cher petit père,
  J'ai du caractère !
On verra, l'on verra
  Si j'aime qui m'aime,
Et si, malgré moi-même,
  On me mariera !

  Je suis trop gentille
  Pour le régenter ;
  Ce n'est qu'à sa fille
  Qu'il sait résister ;
  Mais son cœur est tendre
  Pour sa pauvre enfant.
  Je saurai le prendre
  En le tourmentant.
Je vais alarmer sa tendresse ;
Il faut, il faut lui faire peur,
Et conquérir par la frayeur
Ce qu'il refuse par faiblesse !

On verra, l'on verra, etc.

(Elle prend, sur une chaise au fond, son châle et son chapeau qu'elle met vivement.)

THIBAUDIER, entrant de la gauche.

J'ai mis ma cravate. (Apercevant sa fille.) Cécile ! où vas-tu ?*

CÉCILE, descendant en nouant les rubans de son chapeau.

Je pars... Je vous quitte !

THIBAUDIER.

Où vas-tu ?

CÉCILE.

Me jeter dans un couvent... humide et froid.

THIBAUDIER.

Brrr !... Un couvent humide et froid ? toi ?...

* Cécile, Thibaudier.

CÉCILE.

Puisque vous n'avez pas la force d'aimer votre fille... de la délivrer d'un prétendu qu'elle déteste...

THIBAUDIER.

Mais c'est impossible! il a acheté la corbeille! une corbeille délicieuse et il vient de m'offrir à moi une tabatière Louis XV.

CÉCILE.

Ainsi vous sacrifiez votre enfant à une tabatière! Adieu, mon père!...

THIBAUDIER.

Mais non! je ne te sacrifie pas! Il est charmant ce jeune homme et puis il est trop tard... il passe un habit pour a'ler à la mairie.

CÉCILE.

Dites-lui que vous ne pouvez l'accompagner... que vous êtes malade... (Elle ôte son chapeau et son châle.)

THIBAUDIER.

Malade! ce serait un moyen! mais il vient de me quitter il y a cinq minutes!

CÉCILE.

Qu'est-ce que ça fait! un éblouissement! c'est très-facile. (Appelant.) Annette, vite la robe de chambre de mon père!

THIBAUDIER, protestant

Mais non! mais je ne veux pas!

ANNETTE, apportant de la gauche une robe de chambre.

Voilà, monsieur... qu'est-ce qu'il y a donc?

CÉCILE.

Rien! un éblouissement! (A Annette.) Un verre d'eau sucrée! (Donnant la robe de chambre à Thibaudier.) Mettez ça, je vais vous aider.

THIBAUDIER, endossant la robe de chambre.

Je veux bien mettre ma robe de chambre, mais je proteste contre une pareille comédie.

CÉCILE.

L'autre manche !

THIBAUDIER.

Et je te préviens que je ne dirai pas un mot... Je ne me mêle de rien.

CÉCILE.

C'est convenu. (Le faisant asseoir dans un fauteuil.) Asseyez-vous ! Annette ! un coussin, un tabouret !

ANNETTE, apportant les objets demandés.

Je l'entends ! (Elle prend vivement le verre d'eau sucrée et le retourne près du fauteuil de son père.)

SCÈNE XVIII

LES MÊMES, GARADOUX *, en habit.

GARADOUX, entrant par le pan coupé de gauche.

Vous m'appelez, beau-père ? me voilà prêt... Partons-nous ? (Apercevant Thibaudier.) Ah ! mon Dieu !

CÉCILE.

Mon père vient d'être pris subitement...

GARADOUX.

De quoi ?

ANNETTE.

D'un éblouissement !

CÉCILE.

Il souffre beaucoup, il lui sera tout à fait impossible de sortir aujourd'hui. N'est-ce pas, petit père !

Garadoux, Cécile, Thibaudier, Annette.

THIBAUDIER, à part sans répondre.

Je proteste par mon silence.

GARADOUX.

Pauvre M. Thibaudier ! Il faudrait peut-être appliquer quelques sangsues.

ANNETTE.

Ah ! oui !

THIBAUDIER, vivement.

Ah ! non !

CÉCILE, vivement.

Cela va mieux! (Donnant le verre d'eau sucrée à Thibaudier.) Buvez, mon père !

THIBAUDIER, àpart.

Mais je n'ai pas soif. (Il boit.)

GARADOUX, regardant sa main.

Il ne faut pas jouer avec sa santé. (Prenant son instrument et se limant les ongles.) La santé est comme la fortune... On ne l'apprécie réellement que lorsqu'on l'a perdue !

ANNETTE *, bas à Cécile lui montrant Garadoux.

Mamzelle, regardez-le donc travailler !... Il s'est remis à son établi.

THIBAUDIER, à part.

Est-ce que nous allons rester toute la journée comme ça ?... J'ai très-chaud sous cette robe de chambre.

CÉCILE, à Garadoux.

L'indisposition de mon père peut durer quelques jours, monsieur, et si vos affaires vous rappelaient à Paris...

GARADOUX.

Par exemple!... quitter M. Thibaudier quand il est souffrant! Jamais !

THIBAUDIER, à part.

Excellent jeune homme !

* Garadoux, Thibaudier, Cécile, Annette.

GARADOUX.

Du reste, cette indisposition ne retardera pas notre mariage..
Je puis aller seul à la mairie.

CÉCILE.

Comment !

GARADOUX.

La présence de M. Thibaudier n'est pas nécessaire... une
autorisation écrite suffît...

CÉCILE.

Oh ! mon père est tellement fatigué !

GARADOUX, prenant sur la table un buvard, du papier et une plume.

Une simple signature. (Il donne tout cela à Thibaudier.)

CÉCILE, bas à son père.

Ne signez pas !

GARADOUX.

Veuillez signer...

THIBAUDIER, très-embarrassé

Mais c'est que...

CÉCILE, à part.

Que faire ? (Elle prend vivement l'encrier et le cache derrière son
dos.)

THIBAUDIER.

Où est donc l'encrier ?

GARADOUX, après avoir cherché sur la table.

Mademoiselle a la bonté de vous le tenir...

THIBAUDIER.

Oh ! merci ! ma fille, merci !

CÉCILE, à part, remettant l'encrier sur la table.

Tout est perdu !

* Garadoux, Cécile, Thibaudier.

SCENE XIX

LES MÊMES, FRÉMISSIN. *

FRÉMISSIN, accourant par le fond.

La voiture est à la grille!

GARADOUX.

Quelle voiture!

FRÉMISSIN.

Tiens! monsieur Garadoux!

GARADOUX, à part.

Ah! diable, quelle rencontre!

FRÉMISSIN.

Et ça va bien, depuis...

GARADOUX, vivement.

Parfaitement!

THIBAUDIER.

Vous vous connaissez?

FRÉMISSIN.

Oui, j'ai eu l'honneur de défendre monsieur... C'est mon premier client.

CÉCILE.

Ah bah! (A son père.) Six mois de prison!

THIBAUDIER, se levant effrayé.

Hein! (A Garadoux.) Vous avez été en prison? (Il met le buvard, etc., sur le guéridon à droite.)

GARADOUX.

Oh!... une querelle... un moment de vivacité!

* Garadoux, Cécile, Thibaudier, Frémissin, Annette au fond.

CÉCILE.

Monsieur a laissé tomber sa canne sur sa première femme.

ANNETTE, descendant à gauche.

Ah! l horreur! (Elle range le fauteuil et le tabouret.)

THIBAUDIER.

Comment! monsieur!

GARADOUX.

Oh! une canne, c'était une petite hadine!

THIBAUDIER, embrassant sa fille.*

Oh! ma pauvre Cécile! (A Garadoux.) Retirez-vous, monsieur! Battre une femme!... Vous pouvez remporter la corbeille! Voici votre tabatière! (Il lui donne, par mégarde, sa tabatière en corne.)

GARADOUX.

Pardon! ce n'est pas celle-là!

THIBAUDIER, avec dignité, lui rendant l'autre.

La voici! je ne prise pas de ce tabac-là!

GARADOUX.

Je suis heureux, monsieur, que ce petit incident vous ait rendu la santé. (Sortant, à Frémissin.) Imbécile!

SCÈNE XX

FRÉMISSIN, CÉCILE, THIBAUDIER.

THIBAUDIER, remontant.

Hein! qu'est-ce qu'il a dit?

CÉCILE, bas et vivement à Frémissin.

Maintenant, faites votre demande... Mettez vos gants!

FRÉMISSIN.

Mais c'est que...

* Frémissin, Garadoux, Thibaudier, Cécile.

CÉCILE.

N'ayez donc pas peur... Il est plus timide que vous !

FRÉMISSIN, bravement.

Oh! il est timide ! (Il met ses gants.)

CÉCILE, bas à Thibaudier.

Il va vous faire sa demande... Mettez vos gants;

THIBAUDIER.

Mais c'est que...

CÉCILE.

N'ayez donc pas peur... Il est plus timide que vous.

THIBAUDIER, bravement.

Oh! il est timide ! (Il met ses gants.)

FRÉMISSIN, résolûment.

Monsieur !

THIBAUDIER, de même.

Monsieur

FRÉMISSIN, d'un ton résolu.

Pour la deuxième fois, je vous demande la main de votre fille !

THIBAUDIER.

Monsieur! vous me la demandez sur un ton..

FRÉMISSIN.

Le ton qui me convient, monsieur !

THIBAUDIER, s'emportant.

Mais puisque je vous l'accorde, monsieur

FRÉMISSIN.

Vous me l'accordez sur un ton...

THIBAUDIER.

Le ton qui me convient, monsieur !

FRÉMISSIN.

Monsieur ! !

THIBAUDIER.

Monsieur ! ! !

CÉCILE, intervenant, à part.

Eh bien ! est-ce qu'ils vont se quereller, à présent? (Haut.) Monsieur Jules, papa vous invite à dîner; voilà ce qu'il voulait vous di e.

THIBAUDIER.

Soit ! mais à condition que vous ne casserez pas mes verres. (A part.) Tiens ! je vais lui faire goûter mon nouveau vin !

ENSEMBLE.

AIR de *M. Couder.*

Ici, point d'imprudence !
Point de témérité.
Implorons l'indulgence
Avec timidité.

CÉCILE, au public :

AIR *de la scène XIII.*

Pour sauver ce léger ouvrage,
Messieurs, deux timides m'ont dit :
« Va, nous comptons sur ton courage, »
Mais mon courage est si petit !
Devant vous les plus intrépides
Tremblent s'il faut vous implorer...
Ce n'est plus deux... c'est trois timides,
Que vous avez à rassurer...
Daignez tous trois les rassurer !

REPRISE DU CHŒUR.

FIN

CPSIA information can be obtained
at www.ICGtesting.com
Printed in the USA
BVHW04*0747280818
525723BV00019B/68/P